DON
BOSCO

Marina Seidl

Die 50 besten Spiele für den Religionsunterricht

Klasse 1-4

MiniSpielothek

**Gerne nehmen wir Ihre Anregungen,
Wünsche, Kritik oder Fragen entgegen:**
Don Bosco Medien GmbH, Sieboldstraße 11, 81669 München
anregungen@donbosco-medien.de
Servicetelefon: 089 / 48008-341

Bibliografische Information der Deutschen Nationalbibliothek

Die Deutsche Nationalbibliothek verzeichnet diese Publikation in der Deutschen Nationalbibliografie; detaillierte bibliografische Daten sind im Internet über http://dnb.d-nb.de abrufbar.

3. Auflage 2020 / ISBN 978-3-7698-2160-4

www.donbosco-medien.de
Umschlag und Umschlagmotiv: Manfred Lehner, Blue Cat Design
Layout: Alexandra Paulus
Satz: Don Bosco Medien, München
Produktion: Don Bosco Druck & Design, Ensdorf

Gedruckt auf umweltfreundlichem Papier

Inhalt

Reichen die Wurzeln tief,
gedeihen die Zweige gut.

aus China

Spiele zum Ankommen

Namen merken

Im Stuhlkreis nennt jeder Schüler seinen Vornamen zusammen mit einer Eigenschaft, die mit dem gleichen Buchstaben beginnt wie der Vorname. Der nächste Schüler muss den Namen und die Eigenschaft des Vorgängers wiederholen, und seinen Namen und seine Eigenschaft dazu nennen.

Beispiele

Ich heiße Bettina und ich bin brav.
Du heißt Bettina und bist brav. Ich heiße Timon und bin toll.
Du heißt Bettina und bist brav, du bist Timon und bist toll, ich bin die Miriam und bin müde.

Variationen

- Es wird ein Gegenstand, z.B. Kugelschreiber, Bleistift o.Ä. mit herumgereicht. Wer ihn in der Hand hat, ist mit der Vorstellung dran.

- Jeder zeigt pantomimisch, was er kann und die anderen Schüler müssen es beim entsprechenden Namen mitmachen.
- In der ersten Klasse können sich die Kinder mit gemalten Bildern vorstellen. Es werden Gegenstände, Tiere, Gemüse, Obst gemalt, die mit dem Anfangsbuchstaben des Namens beginnen.

Tipp

Bei vielen Mitspielern oder in den unteren Klassen kann man nach der Hälfte der Namensaufzählung neu anfangen. Aber es ist erstaunlich, dass selbst in großen Gruppen die Aufzählung gelingt.

Obstsalat

Die Schüler sitzen im Stuhlkreis. Der Lehrer steht in der Mitte und teilt die Schüler in vier Gruppen ein und zwar durch Abzählen mit Obstnamen (z.B. Apfel, Banane, Kirsche, Birne). Es gibt einen Stuhl weniger als Mitspieler. Ein Schüler stellt sich in die Mitte und nennt eine Obstsorte. Daraufhin müssen alle Schüler mit dem aufgerufenen Begriff und der in der Mitte Stehende sich einen neuen Platz suchen. Die anderen Schüler dürfen sitzen bleiben. Derjenige, der keinen Platz findet, geht in die Mitte und darf wieder eine Obstsorte rufen.
Wird „Obstsalat" gerufen, müssen alle Mitspieler die Plätze tauschen.

Variation

Die Kinder werden eingeteilt nach

- Tieren
- Blumen
- Apostelnamen
- Kirchenpatronen
- Evangelisten

Aufstellen

Die Schüler bekommen den Auftrag, sich in einer jeweils vorher genannten Reihenfolge aufzustellen. Zum Beispiel sollen die Vornamen nach dem Alphabet sortiert sein.

Mögliche weitere Kriterien:

- Geburtsdatum
- Schuhgröße
- Nachnamen
- Herkunftssort
- Geburtsmonat

Variationen

Die Schüler stehen auf Stühlen und versuchen die Reihenfolge herzustellen, ohne dass jemand den Boden betritt. (Auf Standfestigkeit der Stühle achten!) Für draußen bietet sich auch ein Brett oder ein Baumstamm an.

Wenn sich die Mitspieler nicht kennen ist es sinnvoll, die Reihenfolge durch Absprache herzustellen. Durch den Austausch ist ein besseres Kennenlernen möglich. Die Reihenfolge herzustellen ohne dabei zu sprechen, stellt einen höheren Schwierigkeitsgrad dar.

Kennst du mich?

Ein Schüler bekommt eine Frage gestellt, überlegt sich die Antwort, antwortet aber noch nicht. Jetzt wird die Klasse nach der möglichen Antwort des Mitspielers gefragt (Ja oder Nein) und stimmt per Handzeichen ab. Der Lehrer zeigt den Trend der Antworten der Schüler an. Eventuell kann er auch einzelne Schüler nach einer Begründung fragen. Daraufhin gibt der gefragte Schüler seine Antwort. Die Klasse vergleicht mit ihrer Einschätzung.

Beispiele

- Hat er eine Bibel daheim?
- Wäre er gerne für eine Woche Papst?
- Kann er das Vaterunser?
- Weiß er an welchem Tag er Namenstag hat?
- Möchte er gerne einmal in der Kirche predigen?
- Hat er schon einmal abgeschrieben?
- Würde er gerne einen Tag jemand anderer sein?
- Weiß er, wann und wo er getauft wurde?
- Glaubt er an außerirdische Lebewesen?
- Glaubt er an ein Leben nach dem Tod?

Material

vorbereitete Fragen

Papierflieger

Die Schüler falten einen Papierflieger und beschriften ihn mit ihren Hobbys. Geeignet sind auch Eigenschaften, Wünsche o.Ä. Auf Kommando werfen alle ihre Papierflieger in eine Richtung. Jeder Schüler sucht sich einen anderen Papierflieger und rät, von wem der Flieger stammen könnte.

Variation

Anstatt Flieger können auch Zettel genommen werden, die zu „Schneebällen" geformt werden. Nach einer kurzen „Schneeballschlacht" nimmt sich jeder einen Papierball und sucht denjenigen, der den Zettel geschrieben hat.

Material

Papier für Flieger bzw. Bälle

Ballkette

Die Schüler stehen im Stuhlkreis. In der ersten Runde wird ein kleiner Ball kreuz und quer von Schüler zu Schüler geworfen, so dass jeder ihn einmal gehabt hat. Dazu wird immer der Name desjenigen genannt, der den Ball fangen soll. Jeder merkt sich, von wem er den Ball erhalten hat und an wen er ihn weitergeworfen hat. In jeder folgenden Runde soll diese Reihenfolge beibehalten werden. Wird der Ball nicht gefangen, beginnt die Runde wieder von vorne.
Nach einer Weile kann die Runde auch in umgekehrter Reihenfolge geworfen werden.

Variation

Schwieriger wird es, wenn ein zweiter Ball ins Spiel kommt, der zeitlich versetzt zum ersten startet. Gelingt auch dies, wechselt einer der Bälle die Richtung und die Bälle laufen entgegengesetzt.

Material

kleiner Ball

Mir geht es heute ...

Die Schüler sitzen im Kreis. In der Mitte liegen drei Blätter mit Smileys: ein grünes mit einem lachenden Gesicht, ein gelbes mit ernstem Gesicht und ein rotes mit traurigem Gesicht. Sie sind in Ampelform ausgelegt. Jeder Schüler nimmt reihum das für ihn passende Smiley und begründet seine Wahl:
Mir geht es gut, weil ...
Mir geht es heute gut und schlecht, weil ...
Mir geht es heute schlecht, weil ...
Wenn jedes Kind an der Reihe war, reichen sich alle die Hände und sprechen das folgende Gebet:

Wir reichen uns die Hände, wir sind nicht mehr allein.
Wie eine feste Kette soll unsere Klasse sein.
Gott, komm in unsere Mitte, so bitten wir dich nun.
Wir brauchen deine Hilfe, bei allem was wir tun.
Wir wollen dir auch danken, weil du uns nie vergisst
und jetzt mit deinem Segen in unserer Klasse bist.
Amen.

Je nach Kenntnisstand der Schüler können noch andere Gebete angefügt werden.
Als Abschluss wird mit einem leichten Händedruck der „Segen“ durch den Kreis geschickt. Der Lehrer beginnt

und drückt leicht die Hand des rechten oder linken Kindes neben ihm und der Händedruck wandert durch den Kreis, bis er wieder beim Lehrer ankommt.

Schlüsselkönig

Die Schüler sitzen im Stuhlkreis, in dem es einen Stuhl weniger gibt als Mitspieler. Ein Spieler steht in der Mitte und hält in seiner linken Hand einen großen Schlüsselbund. Er geht auf einen Schüler zu und begrüßt ihn mit Handschlag (Hallo, Guten Morgen, Grüß Gott). Anschließend gehen beide weiter und begrüßen jeweils wieder andere, bis alle Schüler unterwegs sind. Dann lässt der erste Spieler den Schlüsselbund fallen und alle suchen sich schnell einen Platz. Wer übrig bleibt, nimmt den Schlüsselbund und beginnt das Spiel von vorne.

Material

großer Schlüsselbund

Gummibärchen

Der Lehrer hat eine Schale mit Gummibärchen dabei. Jeder Schüler darf sich so viele nehmen, wie er will. Allerdings müssen sie für alle Schüler reichen und sie dürfen auch noch nicht gegessen werden.
Haben sich alle Schüler von den Gummibärchen genommen, werden sie aufgefordert, von sich zu erzählen. Jeder Schüler soll so viele Dinge über sich sagen, wie er sich Gummibärchen genommen hat. Erst dann dürfen die Gummibärchen gegessen werden.

Material

Gummibärchen, Schale

Die verlorene Drachme

Der Lehrer erklärt das Spiel: Er hat eine Münze (ein Cent-Stück) im Klassenzimmer versteckt und die Schüler müssen sie suchen. Die Schüler gehen durch das Klassenzimmer und suchen das Cent-Stück. Wer es sieht, setzt sich wieder auf seinen Platz ohne zu verraten, wo es sich befindet. Das Spiel dauert so lange, bis alle Schüler wieder auf ihren Plätzen sitzen.
Der Lehrer versteckt den Cent sichtbar, legt ihn z.B. auf seinen Schreibtisch oder neben den Papierkorb.

Tipp

Die Schüler sollen das Versteck weder absichtlich noch unabsichtlich verraten. Auch wenn die Verstecke „offensichtlich" sind, dauert es lange, bis der Cent gefunden wird.

Variation

Wo ist der zweite Gegenstand?
Die Schüler warten an der Klassenzimmertüre. Der Lehrer zeigt den Schülern einen Gegenstand, der im Religionsunterricht eine Rolle spielt. Der gleiche Gegenstand ist im Klassenzimmer versteckt und zwar so, dass er sichtbar ist. Die Kinder suchen nun an einem Platz stehend mit den Augen den Gegenstand. Wer ihn entdeckt hat, geht an seinen Platz.

Religiöse Ratespiele

Sonntagsmaler

Ein Kind bekommt vom Lehrer einen Begriff zugeflüstert oder auf einem vorbereiteten Kärtchen gezeigt und versucht ihn an der Tafel zu malen. Die anderen Kinder sollen den Begriff durch Zurufen erraten. Wer den Begriff gefunden hat, ist der nächste Maler.

Beispiele

Kirche, Engel, Kelch, Vogelnest, Glocke, Thron, Fischernetz, Schwert, Mose im Korb, Arche Noah, Brunnen, Wolke, Taube, Brot, Regenbogen, Krippe, Fisch, Zelt.

Material

evtl. vorbereitete Kärtchen, Tafel, Kreide

Pantomime

Die Klasse wird in zwei Gruppen aufgeteilt, die gegeneinander antreten. Nacheinander kommt aus jeder Gruppe ein Kind nach vorne und bekommt vom Lehrer einen Begriff zugeflüstert oder auf einem vorbereiteten Kärtchen gezeigt. Diesen versucht das Kind pantomimisch darzustellen. Zuerst darf die eigene Gruppe raten. Errät sie den Begriff, erhält diese Mannschaft einen Punkt.
Erraten die Kinder der eigenen Gruppe den Begriff innerhalb einer festgelegten Zeit nicht, darf die andere Gruppe eine Lösung versuchen und so den Punkt ergattern. Dann kommt das nächste Pantomime-Kind dran.

Beispiele

Bauer, Sklave, Josef aus Ägypten, Mose, König, blind, Kleid, Wal, Blut, Schafhirte, Esel, Schlange, Schatten, Posaune, Wirbelsturm

Material

evtl. vorbereitete Begriffe auf Kärtchen geschrieben

Bibelstellen finden

Es werden Bibelstellen aus dem AT und NT genannt (Buch, Kapitel, Vers) und nach Schnelligkeit gesucht. Wer die Stelle gefunden hat, meldet sich und liest den entsprechenden Vers vor.

Variation

Es werden Nummern aus dem Gotteslob oder Gesangbuch genannt, die gefunden werden sollen.

Material

Klassensatz Bibeln oder Gotteslob/Gesangbuch

Galgenmännchen

In dem bekannten Schreibspiel geht es um Begriffe aus dem Religionsunterricht, die erraten werden müssen. Der Lehrer gibt die Begriffe vor. Dabei ist der erste Buchstabe angegeben, die anderen Buchstaben sind nur durch Striche gekennzeichnet. Nun nennen die Schüler weitere Buchstaben. Wenn der Buchstabe im Wort einmal oder auch mehrmals vorkommt, wird er an der entsprechenden Stelle hinzugefügt. Kommt der Buchstabe im Wort nicht vor, wird am Galgenmännchen weiter gezeichnet. Das Spiel ist beendet, wenn entweder das Wort gefunden ist oder das Galgenmännchen fertig gemalt ist.

Variation

Die Schüler überlegen sich die Begriffe. Wer das Wort erraten hat, darf sich einen neuen Begriff ausdenken. Das Spiel lässt sich auch in zwei Mannschaften gegeneinander spielen.

Malen des Galgenmännchens:

- Senkrechter Balken
- Querbalken
- Stützbalken
- Seil
- Kopf eines Strichmännchens
- Körper
- 2 Arme
- 2 Beine

Frage und Antwort-Quiz

Es bilden sich zwei Schülergruppen. Jede überlegt sich Fragen zum behandelten Thema und stellt sie der anderen Gruppe. Für jede richtige Antwort bekommt die Gruppe einen Punkt. Wird eine Frage nicht beantwortet, darf die fragende Gruppe die Antwort geben und bekommt einen Punkt.

Frage-Beispiele zum Thema Bibel:

- Worauf wurden die ersten Bibeln gedruckt?
  (Pergament)
- Wie wird Papyrus hergestellt?
  (aus dem Mark der Papyrusstaude)
- Wer erfand den Buchdruck in Europa?
  (Johannes Gutenberg)
- Wie heißen die 4 Evangelisten?
  (Markus, Matthäus, Lukas, Johannes)
- In welchem Teil der Bibel befinden sich die Psalmen?
  (Altes Testament)

Frage-Beispiele zum Thema Jesus:

- Wo wurde Jesus geboren?
  (Betlehem)
- Wer war seine Mutter?
  (Maria)
- Wie alt war Jesus, als ihn seine Eltern suchten?
  (12 Jahre)
- Wie alt war Jesus, als er starb?
  (33 Jahre)
- Wer hat Jesus verurteilt?
  (Pontius Pilatus)

ABC-Liste

Auf einem Blatt Papier steht untereinander das Alphabet. Zu einem vorgegebenen Thema sollen nun Wörter gefunden werden, die zum Thema passen und mit dem entsprechenden Buchstaben anfangen.

Beispiele

Thema Jesus: Auferstehung, Betlehem, Christus, Diener, Ehebrecherin, Frauen, Golgotha ...
Thema Bibel: Abraham, Buch, Chaos, David, Engel, Finsternis ...
Thema Weihnachten: Mandeln, Nuss, Ochse, Plätzchen, Quirinius, Rentier, Schaf ...

Variation

Es liegen Kärtchen mit den Buchstaben des Alphabets in einer Reihe am Boden. Ein Schüler würfelt, und zwar so, dass sich der Würfel in die Richtung der Buchstabenreihe bewegt und auf einem oder neben einem der Buchstabenkärtchen zu liegen kommt. Der Schüler, der gewürfelt hat, muss einen Begriff nennen, der zu dem vorgegebenen Thema passt und mit dem erwürfelten Buchstaben beginnt. Der nächste Schüler würfelt von der letzten Position aus weiter.

Material

Papier und Stifte, evtl. ABC-Kärtchen, Würfel

Themen-Ball

Die Klasse sitzt im Kreis. Der Lehrer gibt ein bestimmtes Thema aus dem Unterricht vor, dann wirft er einem Schüler den Ball zu und ruft dazu einen Buchstaben des Alphabets. Der Ballfänger muss schnell einen Begriff nennen, der mit dem Buchstaben beginnt und der zum Thema passt. Dann wirft er den Ball weiter und nennt einen anderen Buchstaben. Wer keinen Begriff nennen kann, scheidet aus.

Themengebiete

Menschen aus der Bibel, Tiere aus der Bibel, Weihnachten, Berufe aus der Bibel, Was Noah mit in die Arche nahm, Wovon sich Menschen ernähren, Bücher der Bibel

Personen raten

Zwei Schülern wird ein Personenname auf den Rücken oder die Stirn geklebt. Durch Fragen an die anderen Schüler sollen sie erraten, wer sie sind. Die Fragen müssen so gestellt sein, dass sie nur mit ja oder nein zu beantworten sind. Jeder darf jeweils drei Fragen an die Mitschüler stellen, dann kommt das andere Ratekind dran. Wer zuerst errät, wer er ist, hat gewonnen.

Beispiele

Personen aus der Bibel: Abraham, Sara, Noah, Jakob, Rut, Pontius Pilatus, Maria
Heilige und Vorbilder: Martin, Nikolaus, Lucia, Elisabeth, Mutter Theresa

Tabu

Das Spiel „Tabu“ wird nach den bekannten Spielregeln gespielt: Auf Karten stehen jeweils ein Wort, das erraten werden soll und die „verbotenen Wörter“, die nicht verwendet werden dürfen. Es werden zwei Gruppen gebildet, die sich beim Raten abwechseln. Einer aus der Gruppe umschreibt jeweils das Wort, das der Rest seiner Gruppe erraten muss. Die gegnerische Gruppe überprüft, ob ein „verbotenes Wort“ verwendet wird. Für jedes erratene Wort in einer vorgegebenen Zeit gibt es einen Punkt.

Beispiele

Goliath – nicht erwähnen: Steinschleuder, Riese, Philister
Sintflut – nicht erwähnen: Noah, Arche, Regenbogen
Ochse – nicht erwähnen: Stall, Esel, Betlehem
Abendmahl – nicht erwähnen: Wein, Brot, Letztes
Jesus – nicht erwähnen: Gottes Sohn, Christus, Erlöser

Tipp

Die Schüler können die Karten selbst herstellen und mit der Zeit den Kartenfundus immer mehr erweitern.

Netz

Die Schüler sitzen im Stuhlkreis. Der Lehrer wirft einem Schüler ein Wollknäuel zu, behält den Anfang in der Hand und nennt ein zusammengesetztes Hauptwort, z.B. „Fahrradklingel". Der Schüler behält die Schnur in der Hand, wirft das Wollknäuel weiter und sagt wiederum ein zusammengesetztes Namenwort, das mit dem zweiten Teil des vorherigen Worts anfängt, z.B. „Klingelknopf", usw. Durch das immer weiter geworfene Wollknäuel entsteht ein Netz.

Variationen

- Das Netz kann mit weiteren Begriffen auch wieder entwirrt und aufgewickelt werden.
- Es werden Begriffe aus dem entsprechenden Thema im Religionsunterricht verwendet, z.B. Weihnachtsstern, Sternbild, Bilderbuch, Buchseite
- Das Spiel kann auch mit einem Ball gespielt werden. Je schneller der Ball geworfen wird, umso lustiger ist das Spiel.

Material

Wollknäuel

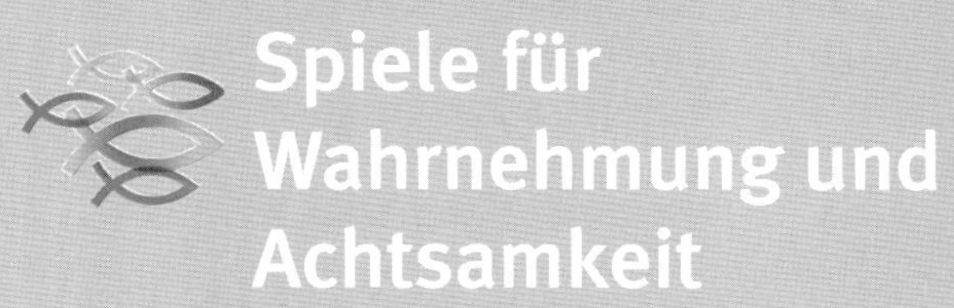

Spiele für Wahrnehmung und Achtsamkeit

Mandala Bingo

In die einzelnen Felder von einfachen, kleinen Mandalas werden die Zahlen 1-6 geschrieben. Jeder Schüler hat eine Kopie davon vor sich liegen. Die Schüler einer Gruppe (4-6 Mitspieler) würfeln und malen ein Feld mit der Zahl aus, die sie gewürfelt haben. Wenn die gewürfelte Zahl nicht mehr frei ist, kann in dieser Runde nicht ausgemalt werden und der Spieler muss aussetzen. Gewonnen hat, wer sein Mandala zuerst fertig ausgemalt hat.

Material

vorbereitetes Mandala, Würfel, Stifte

KIM-Spiele

Der Lehrer hat ein Tablett mit verschiedenen Gegenständen vorbereitet. Er zeigt das Tablett so, dass es alle Schüler sehen können. Nach kurzer Zeit werden die Gegenstände zugedeckt oder das Tablett weggestellt. Die Schüler schreiben die Dinge, die sie sich gemerkt haben auf einen Zettel. Wer die meisten Gegenstände aufgeschrieben hat, ist Sieger.

Variationen

- Die Gegenstände können auch im Stuhlkreis auf den Boden gelegt werden und nach der Betrachtung mit einem Tuch abgedeckt werden.
- Die Gegenstände liegen auf einem Tisch und die Schüler gehen langsam daran vorbei.
- Nachdem die Schüler die Gegenstände angeschaut haben, wird einer weggenommen. Die Schüler sollen erraten, welcher Gegenstand fehlt.
- Alle sitzen mit geschlossenen Augen auf ihren Plätzen. Der Lehrer sammelt von den Tischen ca. 20 verschiedene kleine Gegenstände ein. Die Dinge kommen auf einen Tisch und werden

zugedeckt. Jetzt darf jedes Kind der Reihe nach durch das Tuch für kurze Zeit die Gegenstände fühlen. Dann geht es an den Platz zurück und schreibt auf einen Zettel, was es erkannt hat. Für jeden richtig erkannten Gegenstand gibt es einen Punkt. Wer die meisten Punkte hat, hat gewonnen.

Material

Tablett mit ca. 12 verschiedenen Gegenständen (Schlüssel, Bleistift, Radiergummi, Spitzer, Bonbon, Schere, Kleber usw., aber auch thematisch ausgewählte Gegenstände wie z.B. Palmzweig, Stoffstück, Dornenzweig, Seil, Nagel, Schale, Kreuz, Hammer, Hahn, Stein), Tuch zum Zudecken

Murmellauf

Die Schüler sitzen im Kreis. In einer Tonschale befindet sich eine Glasmurmel. Die Schale wird in Bewegung gesetzt, so dass die Murmel rundherum läuft und ein Ton zu vernehmen ist. Die Schale wird nun von einem Gruppenmitglied zum anderen weitergereicht. Die Kugel soll dabei immer in Schwung bleiben und auch nicht aus der Schale fallen.

Material

Schale, Murmel

Den leisen Ton hören

Ein Schüler verlässt das Zimmer. Der Lehrer versteckt einen tickenden Wecker, am besten einen altmodischen, der wirklich laut tickt. Der Schüler kommt wieder ins Zimmer und ihm werden die Augen verbunden. Jetzt soll er den Wecker nach Gehör suchen. Die Schüler müssen sehr leise sein, damit dies gelingen kann.

Variation

Vor Beginn der Stunde wird irgendwo im Klassenzimmer ein Musik abspielendes Gerät versteckt. Einige Schüler hören die Musik sofort, andere erst später. Es wird immer stiller und alle hören gespannt, woher die Musik kommt. Wer glaubt, dass er das Versteck kennt, darf es sagen.

Material

Wecker, der laut tickt, Tuch zum Augenverbinden

Stuhlkreis mit Kerze

Die Klasse setzt sich im Stuhlkreis zusammen. Das Zimmer wird abgedunkelt, eventuell wird entspannende Musik angestellt. Eine mit Wasser gefüllte Schale mit einer Schwimmkerze wird im Kreis herum gegeben. Die Kerze darf nicht erlöschen.

Material

mit Wasser gefüllte Schale, Kerze, evtl. Musik

Fühlst du das?

Unter einem Tuch in der Mitte befinden sich Gegenstände, die sich weich auf der Haut anfühlen, z.B. Federn, Fellstücke, kleine Seiden- oder Samttücher. Die Schüler sitzen im Stuhlkreis. Jeder darf sich einen der Gegenstände nehmen und damit zurück an seinen Platz gehen, möglichst ohne ihn zu zeigen. Jeweils zwei nebeneinander sitzende Schüler streichen sich abwechselnd mit dem Gegenstand über die Hand. Das fühlende Kind hat die Augen geschlossen und versucht das jeweilige Material zu erraten.
Nach einiger Zeit werden die Gegenstände verdeckt weiter gereicht, so dass jeder Mitspieler die verschiedensten Gegenstände erraten kann.

Material

Tuch, Federn, Fellstücke, kleine Seiden- oder Samttücher

Kreuz zeichnen

Am Ende der Stunde sitzen die Schüler im Stuhlkreis. Die Schüler überlegen sich, welchen guten Wunsch sie ihrem Nachbarn mitgeben wollen. Der Lehrer hält eine Schale mit Wasser bereit. Ein Schüler taucht seinen Zeigefinger ins Wasser und zeichnet seinem Nachbarn ein Kreuz in die Hand und spricht seinen Wunsch aus. Die Wasserschale wird durchgereicht, bis jeder Schüler einmal dran war.

Variation

Das Kreuz kann man auch mit einer gut riechenden Salbe in die Hand zeichnen.

Handauflegung

Alle Schüler bewegen sich zur Musik durch das Klassenzimmer. Der Lehrer stoppt die Musik und ruft drei bis vier Namen auf. Die Aufgerufenen bleiben stehen und schließen die Augen. Die übrigen Schüler gehen jeweils zu einem der Aufgerufenen und legen eine Hand sanft, aber deutlich auf den Körper. Der aufgerufene Schüler schätzt, wie viele Handflächen aufliegen. Dann öffnet er die Augen und überprüft die genannte Zahl.

Material

Musik und Abspielgerät

Das Weizenkorn

Zu Beginn bekommen die Kinder mit geschlossenen Augen ein Weizenkorn in die ausgestreckte Hand. Die Schüler ertasten das Korn und sagen, wie es sich anfühlt. Dann öffnen sie die Augen und beschreiben, was sie sehen.
Anschließend liest der Lehrer den folgenden Meditationstext. Die Kinder führen dazu die entsprechenden Bewegungen aus. Zu Beginn hocken sie am Boden, die Arme fest um den Körper geschlungen, Augen geschlossen.

Ein hartes, braunes Korn.
Klein und unscheinbar.
Es wirkt, als hätte es kein Leben.
auf dem Boden hocken, Arme um den Körper, Augen geschlossen
Das kleine Korn fällt in die feuchte Erde.
Das Wasser berührt das Korn.
Das Wasser durchweicht die harte Schale.
Arme langsam öffnen

Ein kleiner Keim bricht aus der Schale hervor.
Neues Leben, das in dem Weizenkorn verborgen war.

Wurzeln, die sich in der Erde ausbreiten und nach Wasser suchen.
Der kleine Keim wird größer und spitzt aus der Erde.
langsam aufstehen
Er wendet sich dem Licht zu.
Augen öffnen
Der grüne Halm wächst und wird immer länger.
Arme nach oben strecken
Der Halm bewegt sich im Wind.
Körper hin- und herwiegen
Auf dem Halm wächst eine Ähre.
Sie trägt die vielen neuen Körner.
Hart und klein und braun, als hätten sie kein Leben.

Am Ende werden die Körner in Erde gesteckt und gegossen. In der nächsten Zeit können die Schüler dann das Wachsen des Korns beobachten.

Material

Weizenkörner, Schale mit Erde

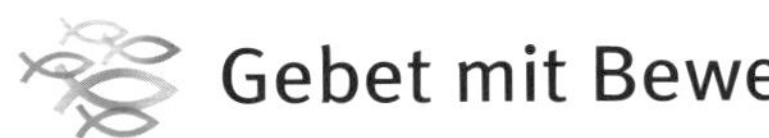

Gebet mit Bewegung

Die Schüler sprechen gemeinsam das Gebet und führen dabei die entsprechenden Bewegungen aus.

Vater im Himmel,
beide Hände nach oben strecken
beschütze mich,
Hände über den Kopf
schütze meine Gedanken,
Finger an die Stirn
lass mich sehen,
Finger an die Augen
lass mich hören,
Finger an die Ohren
lass mich Gutes reden.
Finger an den Mund
Nimm mir die Last von meinen Schultern,
Hände auf die Schultern legen und dann nach oben richten
lass mich mein Herz spüren.
Hände aufs Herz
Schenke mir deine Gnade
Hände zu einer Schale formen
und lass mich heute nicht allein sein. Amen.
den Nachbarn die Hände reichen

Spiele für Gemeinschaft und Sozialkompetenz

Schnellmaler

Ein langer Papierstreifen wird auf den Boden oder auf eine Tischreihe gelegt. In Abständen liegen Stifte zum Malen bereit. Alle Schüler laufen zur Musik um das Papier herum. Sobald die Musik stoppt, nimmt sich jedes Kind einen Stift und beginnt zu malen. Nach kurzer Zeit des Malens beginnt die Musik erneut, die Stifte werden auf das Papier gelegt. Beim nächsten Halt malt jeder an der Stelle weiter, an der er stehen bleibt. Das Spiel geht so lange, bis es keinen Platz mehr zum Malen gibt.

Variationen

- Ein Thema für das Malen wird vorgegeben, z.B. Weihnachten, Ostern.
- Es gibt einen Stift weniger, als Kinder mitspielen. Sobald die Musik stoppt, scheidet das Kind aus, das keinen Stift erobert hat. Jedes Mal, wenn die Musik wieder startet, nimmt der Lehrer einen Stift aus dem Spiel, bis am Ende nur noch ein Schüler übrig bleibt.

Material

langes Papier (Tapetenrolle), dicke Stifte, Musik und Abspielgerät

Rate, von wem

Auf einem Blatt stehen bis zu sechs Aussagen, die von den Schülern ergänzt werden müssen. Der Lehrer sammelt die Blätter ein und mischt sie durcheinander. Dann zieht jeder Schüler einen Zettel und rät, von wem er sein könnte. Bei richtiger Antwort: Wie bist du darauf gekommen?
Errät ein Schüler den Autor nach zwei Versuchen nicht, dürfen die anderen Schüler mitraten.

Beispiele

- Ich bin fast immer ...
- Ich bin fast nie ...
- Wenn ich ein Tier wäre, wäre ich gerne ...
- Besonders an mir ist ...
- Am liebsten erinnere ich mich an ...
- Am wichtigsten ist mir ...

Material

vorbereitete Zettel

Alle, die ...

Alle Schüler sitzen im Stuhlkreis, einer steht in der Mitte. Der Spieler in der Mitte denkt sich ein Kriterium aus, das auf mehrere Mitspieler zutrifft und ruft z.B.: „Alle, die blaue Socken anhaben!“ Alle, auf die dieses Merkmal zutrifft, wechseln die Plätze und der Rufer in der Mitte versucht sich auch einen leeren Stuhl zu ergattern. Wer keinen Platz gefunden hat, ist der nächste Ansager.

Beispiele

- Alle, die blaue Socken anhaben.
- Alle, die braune Augen haben.
- Alle, die eine Brille haben.
- Alle, die im Oktober Geburtstag haben.
- Alle, die im Dunkeln Angst haben.
- Alle, die gerne lesen.

Ich mag an dir, dass du ...

Die Schüler bekommen festes Papier (beliebt sind Pappteller) mit doppelseitigem Klebeband an den Rücken angeheftet. Auf dem Papier steht zuoberst der Name des jeweiligen Kindes. Alle Kinder gehen nun durch den Raum und notieren auf den Blättern die positiven Eigenschaften des jeweiligen Schülers. Wenn alle fertig geschrieben haben, darf jeder Schüler seine positiven Einschätzungen lesen.

Material

Papier (evtl. Pappteller), Stifte, Klebeband

Die gute Nachricht

Jeder Schüler erhält ein Blatt, in dessen Mitte er seinen Namen schreibt. Dann wird das Blatt so gefaltet, dass der Name nicht mehr sichtbar ist. Die Blätter werden in einen Korb gelegt und jeder zieht das Blatt eines anderen Schülers. Falls jemand den eigenen Namen gezogen hat, muss neu gezogen werden.
Nun schreibt jeder einen freundlichen Satz über den gezogenen Schüler und faltet anschließend das Blatt so, dass der Name sichtbar ist. Dann werden die Nachrichten zugestellt.

Beispiele

Es war schön, dass du ...
Für mich war wichtig, dass du ...
Ich freue mich, dass du ...

Material

Stifte und Papier

Wie lang ist eine Minute?

Die Schüler sitzen bequem im Stuhlkreis oder auf ihrem Platz. Für 60 Sekunden soll jeder still sein. Der Lehrer achtet auf die Zeit und beginnt und beendet die stille Zeit mit einem akustischen Signal.

Variation

Alle Schüler stellen sich hinter ihren Stuhl und warten auf ein Zeichen des Lehrers. Die Aufgabe ist, eine Minute abzuschätzen und sich genau nach einer Minute auf den Stuhl zu setzen. Der Lehrer achtet auf die Zeit und beobachtet, wer die Minute am genauesten geschätzt hat.

Material

Uhr mit Sekundenzeiger

Das finde ich gut an mir

Die Schüler überlegen, was sie an sich selbst gut finden. Sie entscheiden sich für einen positiven Satz über sich. Dann gehen alle im Zimmer herum. Auf ein Zeichen des Lehrers hin finden sich zwei Schüler und sagen sich, was sie an sich selbst gut finden. Dann gehen sie weiter. Nach einem neuen Zeichen suchen sie sich einen neuen Mitschüler und sagen wieder den positiven Satz.

Wie war es, sich selbst vor jemand anderem zu loben?
Wie war es beim Zuhören?
Was ist der Unterschied zwischen Angeben und sich selbst Wertschätzen?

Klassenkerze verzieren

Eine Kerze, die beim Morgenkreis oder beim gemeinsamen Gebet angezündet werden kann, wird von den Schülern selbst gestaltet. Die Schüler überlegen sich Zeichen und Symbole, die für die Klasse wichtig sind. Das können z.B. Symbole der Gemeinschaft, Themen des Religionsunterrichtes oder Bilder des Lebens Jesu sein. Auch die Namen der Schüler können Platz finden.

Material

große Kerze, Verzierwachs in verschiedenen Farben, Messer, Formen zum Ausstechen

Blind führen

Die Schüler gehen paarweise zusammen. Der einen Person werden die Augen verbunden, sie wird von dem sehenden Schüler an der Hand geführt. Ein bestimmter Weg, eventuell mit Hindernissen, soll nun abgegangen werden. Dann werden die Rollen gewechselt.
Wie war es, nicht sehen zu können?
Was für ein Gefühl war es, geführt zu werden, bzw. einen anderen zu führen?

Variationen

- Der nicht-sehende Schüler legt die Hand auf die Schulter des Führenden.
- Ein sehender Schüler führt eine Gruppe, in dem sich die Schüler an einem Seil festhalten.

Material

Augenbinden

Turmbau

Die Klasse wird in Gruppen eingeteilt. Jede Gruppe erhält als Material 4 Kartonstücke in der Größe von 30 x 15 cm, einen Klebestift, eine Rolle Tesafilm, eine Schere, ein Lineal, einen Stift. In 30 Minuten soll daraus ein Turm gebaut werden, der möglichst hoch, stabil und schön sein soll. Nach dieser Zeit werden die Türme gemeinsam betrachtet und verglichen.

- Welcher Turm ist am höchsten?
- Welcher am stabilsten? (Kann mit einem Lineal, das auf den Turm gelegt wird, getestet werden.)
- Welcher ist am schönsten?

Variation

Es werden Vorgaben zum Turm gemacht:

- In 10 cm Höhe soll sich eine Terrasse befinden.
- Der Turm soll auf drei Säulen stehen.
- Der Turm soll drei Fenster haben.

Material

Kartonstücke 30x15 cm, pro Gruppe ein Klebestift, Klebefilm, eine Schere, ein Lineal und einen Stift

Kunterbunte Klassenzimmer-spiele

Wo ist mein Nest?

Jeder Schüler baut sich ein „Nest“, d.h. er markiert mit Steinchen o.Ä. seinen Platz. Der „Spatz“ in der Mitte hat kein „Nest“. Er fragt: „Wo ist mein Nest?“ Die Vögel rufen „Hier!“ und tauschen schnell die Nester. Der Spieler in der Mitte sucht sich auch ein Nest. Wer kein Nest findet, geht als „Spatz“ in die Mitte und das Spiel beginnt wieder von neuem.

Kissenrennen

Die Schüler sitzen im Stuhlkreis. Es wird eins-zwei abgezählt. Jede Gruppe erhält ein Kissen, wobei die Startposition der beiden Gruppen gegenüber liegt. Nach einem Startsignal müssen die Kissen im Uhrzeigersinn von den Einsern an die Einser bzw. von den Zweiern an die Zweier weitergegeben werden, d.h. das Kissen muss im Kreis jeweils an die übernächste Person weitergegeben werden. Es kommt jetzt auf das Tempo an, denn gewonnen hat die Mannschaft, deren Kissen das Kissen der anderen Mannschaft eingeholt hat.
In einer zweiten Spielrunde kann das Kissen gegen den Uhrzeigersinn weitergegeben werden.

Material

zwei Kissen oder Kuscheltiere

Die Letzten werden die Ersten sein

Die Schüler werden in zwei Gruppen eingeteilt, diese stellen sich jeweils in einer Reihe hintereinander auf. Durch die gegrätschten Beine wird ein Ball von vorne nach hinten durchgegeben. Wenn der Ball beim letzten Spieler angekommen ist, läuft dieser nach vorn an die erste Stelle. Wenn der Anfangsspieler wieder in der Schlange vorne steht, hat die Gruppe gewonnen. Der Ball darf nicht auf den Boden fallen.

Material

zwei Bälle o.Ä.

Tohuwabohu

Die Spieler sitzen im Stuhlkreis. Jeder schreibt auf einen Zettel einen Gegenstand, der im Raum erreichbar ist und leicht geholt werden kann. Der Lehrer sammelt die gefalteten Zettel ein und lässt jeden Schüler einen Zettel ziehen. Bekommt jemand den eigenen Zettel, wird noch einmal gezogen.
Auf ein Kommando des Lehrers hin werden die Zettel auseinander gefaltet und der Gegenstand, der darauf steht, so schnell wie möglich geholt. Wer seinen Gegenstand zuerst beim Lehrer abgibt, hat gewonnen.

Material

Zettel, Behälter zum Einsammeln, z.B. Schachtel, Hut

Der einsame Schläfer

Ein Schüler ist der „Schläfer" und stellt sich, den Kopf auf die verschränkten Arme gelegt, schlafend. Jetzt versuchen die anderen Schüler ganz leise ihren Platz zu verlassen. Der Schläfer darf nicht erwachen. Sobald der Schläfer durch ein Geräusch erwacht, zeigt er auf die Geräuschquelle. Der betroffene Schüler muss zurück zu seinem Platz und muss es noch mal versuchen. Wer als Erstes die Tafel erreicht hat, ohne vom Schläfer gehört zu werden, darf nun die Rolle des Schläfers übernehmen.

Erstarren

Die Kinder zählen eins-zwei ab. Wenn die Musik startet, bewegen sich alle im Raum.
Bei der ersten Musikpause erstarren alle Kinder 1 zu Statuen. Die Kinder 2 dürfen die Statuen langsam und vorsichtig in beliebige Positionen verformen. Die Statuen müssen so lange stehen bleiben, bis die Musik wieder beginnt. In der zweiten Musikpause tauschen die Gruppen.

Material

Musik und Abspielgerät

Zublinzeln

Die Schüler sitzen im Stuhlkreis. Ein Schüler sitzt angelehnt auf dem Stuhl, ein anderer steht – mit den Händen auf dem Rücken – hinter ihm. Ein Stuhl im Kreis ist frei, aber auch hinter dem leeren Stuhl steht ein Schüler. Dieser Spieler blinzelt einem Schüler zu, der auf einem Stuhl sitzt, um ihn dadurch aufzufordern, möglichst schnell auf den leeren Stuhl zu wechseln. Aufgabe des hinter diesem Stehenden ist es, den Zugeblinzelten festzuhalten, bevor dieser aufstehen kann. Wird der angeblinzelte Schüler festgehalten und somit gehindert auf den leeren Stuhl zu wechseln, muss sich der Schüler hinter dem leeren Stuhl einen neuen Spieler zum Zublinzeln suchen. Gelingt es ihm, ist der jetzt alleine hinter dem Stuhl Stehende an der Reihe.

Die Stadt schläft ein

Drei Schüler werden bestimmt, stehen auf und kommen nach vorn. Auf das Kommando: „Die Stadt schläft ein" schließen die übrigen Schüler die Augen und legen den Kopf auf die Arme. Die drei Schüler gehen nun leise zu drei „Schläfern" und berühren sie vorsichtig. Wenn die drei Schüler wieder vorn stehen heißt das Kommando „Die Stadt wacht auf". Daraufhin stellen sich die drei berührten Schüler zu dem Kind, von dem sie glauben, dass es sie berührt hat. Hat das Kind richtig geraten, werden die Rollen getauscht. Stimmt es nicht, darf das erste Kind noch einmal spielen.

Variation

Die Kinder sitzen mit geschlossenen Augen im Kreis. Drei Kinder stellen sich leise hinter drei sitzende Kinder. Wer glaubt, dass hinter ihm jemand steht, hebt den Arm. Dann dürfen alle schauen, ob richtig geraten wurde. Wurde richtig geraten, wird der Platz getauscht und das Kind aus dem Kreis darf in der nächsten Runde spielen. Wurde falsch geraten, darf das erste Kind weiterspielen.

Nachts im Museum

Ein Schüler wird vor die Türe geschickt. Die anderen nehmen Haltungen wie Statuen an und dürfen sich nicht mehr bewegen. Nur eine vorher bestimmte „Statue“ darf ihre Haltung immer wieder leicht verändern. Das Kind von draußen kommt wieder in den Klassenraum und betrachtet die Statuen genau. Ziel ist es, die sich verändernde Figur ausfindig zu machen.

Variation

Ein Schüler wird vor die Türe geschickt. Die Schüler überlegen sich eine bestimmte Haltung oder Mimik, die sie anschließend identisch darstellen. Nur ein Schüler nimmt eine etwas andere Haltung bzw. Mimik ein. Das Kind kommt wieder ins Klassenzimmer. Es soll nun in 3 Minuten herausfinden, welches Kind der „Außenseiter“ ist.

In der Ruhe liegt die Kraft

Die Kinder sitzen im Stuhlkreis. Alle Schüler bekommen gleich viele Streichhölzer. In die Mitte des Stuhlkreises wird eine Flasche gestellt. Einer nach dem anderen legt jetzt ein Streichholz auf die Flaschenöffnung, so wie er möchte. Fallen die Streichhölzer herunter, muss sie der letzte Leger zu seinem Vorrat nehmen. Gewonnen hat das Spiel, wer als Erster keine Streichhölzer mehr hat.

Material

Flasche, Streichhölzer

Don Bosco MiniSpielothek
Klein, fein, alles drin

ISBN 978-3-7698-2466-7

ISBN 978-3-7698-2465-0

ISBN 978-3-7698-2449-0

ISBN 978-3-7698-2450-6

ISBN 978-3-7698-2397-4

ISBN 978-3-7698-2398-1

ISBN 978-3-7698-2399-8

ISBN 978-3-7698-2400-1

ISBN 978-3-7698-2374-5

ISBN 978-3-7698-2373-8

ISBN 978-3-7698-2376-9

ISBN 978-3-7698-2375-2

ISBN 978-3-7698-2356-1

ISBN 978-3-7698-2358-5

ISBN 978-3-7698-2359-2

ISBN 978-3-7698-2357-8

ISBN 978-3-7698-2313-4

ISBN 978-3-7698-2312-7

ISBN 978-3-7698-2314-1

ISBN 978-3-7698-2228-1

ISBN 978-3-7698-2290-8

ISBN 978-3-7698-2291-5

ISBN 978-3-7698-2289-2

ISBN 978-3-7698-2260-1

ISBN 978-3-7698-2261-8

ISBN 978-3-7698-2262-5

ISBN 978-3-7698-2227-4